BEI GRIN MACHT SICH IHR WISSEN BEZAHLT

Andreas Friedel

Software on Demand

GRIN Verlag

Bibliografische Information der Deutschen Nationalbibliothek:

Die Deutsche Bibliothek verzeichnet diese Publikation in der Deutschen National-
bibliografie; detaillierte bibliografische Daten sind im Internet über http://dnb.d-
nb.de/ abrufbar.

Impressum:

Copyright © 2009 GRIN Verlag GmbH
Druck und Bindung: Books on Demand GmbH, Norderstedt Germany
ISBN: 978-3-640-36801-3

Dieses Buch bei GRIN:

http://www.grin.com/de/e-book/130761/software-on-demand

GRIN - Your knowledge has value

Der GRIN Verlag publiziert seit 1998 wissenschaftliche Arbeiten von Studenten, Hochschullehrern und anderen Akademikern als eBook und gedrucktes Buch. Die Verlagswebsite www.grin.com ist die ideale Plattform zur Veröffentlichung von Hausarbeiten, Abschlussarbeiten, wissenschaftlichen Aufsätzen, Dissertationen und Fachbüchern.

Besuchen Sie uns im Internet:

http://www.grin.com/

http://www.facebook.com/grincom

http://www.twitter.com/grin_com

Enterprise Application Integration

Teilleistung
Software on Demand

Andreas Friedel

Wintersemester 2008/2009

Inhaltsverzeichnis

Abkürzungsverzeichnis..II

1 Einführung...3

2 Software On Demand..3

3 Deployment-Modelle...4

   3.1 Hosting..4

   3.2 On Demand Computing..4

4 Pricing-Modelle...5

   4.1 Applikation Service Providing...5

   4.2 Software as a Service..6

5 Technologische Aspekte 6

   5.1 Kommunikationsteil...7

   5.2 Anwendungs- und Datenhaltungsteil..7

        5.2.1 Architektur einer on Demand Infrastruktur 7

        5.2.2 Entwicklung einer on Demand Applikation.................................8

        5.2.3 Aufbau einer on Demand Infrastrukur......................................8

        5.2.4 Betrieb einer on Demand Infrastruktur.....................................9

6 Integration 10

7 Fazit 10

Literaturverzeichnis...11

Abkürzungsverzeichnis

SoD ....Software on Demand

ASP ....Application Service Providing

SaaS........Software as a Service

ADSL ....Asymmetric Digital Subscriber Line

SDSL ....Symmetric Digital Subscriber Line

SOA ....Service orientierte Architektur

SLA..........Service level Agreement

1 Einführung

Explosionsartig steigenden Teilnehmerzahlen des Internet und die Einführung flächendeckender breitbandiger Zugangstechnologien haben zu einer erhöhten Akzeptanz bei Unternehmen und Institutionen geführt. Viele Unternehmen haben die Vorteile einer Vernetzung über das Internet erkannt und versuchen seitdem, diese in ihre eigenen Strukturen und Geschäftsprozesse zu integrieren. Während die innerbetriebliche Nutzung gemeinsame Ressourcen treibender Motivations-faktor verteilter Systeme ab Mitte der 80iger Jahre war [CoDK08, S.44], so er-öffnen sich im Zuge der globalen Vernetzung gänzlich neue Möglichkeiten der überbetrieblichen Ressourcennutzung. Aus dem anfänglichen Forschungsnetz-werk entwickelte sich ein Netzwerk in dem kommerzielle Anwendungen und Pro-jekte in den Vordergrund rückten, welche neue Formen von Geschäftsmodellen hervorbrachten. Application Service Providing, Software as a Service, Serviceori-entierte Architekturen sowie Grid- und Cloud Computing sind aktuelle Entwick-lungen und Trends deren Zusammenhang im Kontext von Software on Demand (SoD) und verteilter Systeme Gegenstand der Arbeit ist. Nach der Klärung des Begriffs Software on Demand wird auf die Verteilungs- und Preismodelle einge-gangen und anschließend technologische Aspekte behandelt. Das abschließende Thema der Integration in das betriebliche Informationssystem rundet den Über-blick zu SoD ab.

2 Software On Demand

SoD ist ein Service bei dem der Anbieter dem Kunden eine Software über das Internet zur Verfügung stellt. Der Anbieter betreibt die Software und skaliert diese entsprechend der Nachfrage. SoD erlaubt flexible Lizenzierungsformen, in welchen nach Datenvolumen bzw. Anzahl der Benutzer abgerechnet werden kann [Wiki08a].

Beispiele:

- Hotmail   Email Client
- Knowledge Tree   Online Dokumentenmanagement System
- PHP Projekt   Opensource Groupware
- Zoho   Online Office Suite
- myfactory.SaaS   Business-Lösungen (ERP,CRM,PPS)
- osCommerce   Onlineshop-System

3 Deployment-Modelle

Unternehmen müssen Entscheidungen darüber treffen, in welcher Form sie An-
wendungssysteme und IT Infrastrukturen beschaffen und betreiben wollen. Die
Alternative zum klassischen Eigenbetrieb, stellen die nachfolgenden on Demand
Ansätze dar.

3.1 Hosting

Hosting bezeichnet das Mieten von dedizierten Servern oder ganzen Infrastruk-
turlösungen ggfs. inklusive Serviceleistungen von einem Dienstleister [ZüRö05,
S.5]. Der Hosting Service Provider ist ein Dienstleister, der die Infrastruktur und
das Management von Betriebssystemen, ggf. auch von Applikationen zur Verfügung stellt. Die einfachste Service-Stufe bildet das Housing (Co-Location), bei
der die Server Eigentum des Kunden bleiben und der Provider sich lediglich auf
die Bereitstellung des Platzes für den Server, um die Netzwerkanbindung und
weitere Basisleistungen kümmert. Eine Co-Location ist dabei meistens eine güns-
tigere Alternative zur eigenen breitbandigen Standleitung. Aufgrund der hohen
Anzahl durch das Rechenzentrum betreuter Hardware ist eine Co-Location meist
wirtschaftlicher bei besseren Unterbringungsbedingungen [Wiki08c]. In der
nächst höheren Service-Stufe, dem Basic Managed Hosting, stellt der Hosting
Provider den Server und die Betriebssysteme, aber nur einige wenige Dienste zur
Verfügung. Die höchste Service-Stufe ist das Complex Managed Hosting, in wel-
chem zusätzliche Services, wie z.B. Datenbankverwaltung, Content Delivery oder
Application Management zur Verfügung gestellt werden [HoEu08].

3.2 On Demand Computing

Werden zu den Serviceleistungen und der Infrastruktur auch noch Anwendungen
mit angeboten, so spricht man von Demand Modellen. Die zugrundeliegende
Idee lässt sich, wie in der Literatur häufig erwähnt, anhand des Stromes ver-
deutlichen. Nur die wenigsten Unternehmen haben einen Generator und produ-
zieren eigenen Strom, sondern beziehen ihn in der benötigten Menge als Dienstleistung von stromproduzierenden Unternehmen. Damit braucht das Unternehmen keine Ressourcen für den Betrieb und die Wartung des Generators vorzu-
halten und kann sich so auf das Wesentliche, sein Kerngeschäft, konzentrieren.
Das auf Stromproduktion spezialisierte Unternehmen zentralisiert dabei die
Stromproduktion und kann auf Nachfrageschwankungen langfristig seinen Gene-
ratorenpark ausbauen und kurzfristig Spitzenauslastungen aus dem Netz der
Stromlieferanten abdecken.

On Demand Computing greift dieses Prinzip auf und beschreibt die Nutzung von verteilten Ressourcen über das Internet, um kurzfristige Ressourcenanforderungen auf Basis des Grid zu erfüllen [Krcm, S.254]. Hierbei handelt es sich nach dem ADK-Model um eine Verlagerung der Anwendung- und Datenhaltungsfunktion auf von Anbietern betriebene oder über Dritte bezogene Infrastrukturen. Die Software wird dabei on Demand dem Kunden als Dienstleistung zur Verfügung gestellt und auf Bedarf skaliert. Lediglich der Kommunikationsteil in Form der Benutzerschnittstelle verbleibt beim Kunden über welche er auf die Software zugreift. In der Regel geschieht dies über allgemein verfügbare Standardanwendungen. Eine Anpassung an die Gegebenheiten des Kunden findet in der Regel nicht statt. Die Kosten der Einrichtung werden auf die zu entrichtende monatliche Zahlung bzw. die variablen Nutzungsentgelte umgelegt. Aufgrund der relativ geringen Investitionskosten ist sowohl ein kurzfristiger Einstieg, als auch die im Vergleich zu den anderen Möglichkeiten kurzfristige Beendigung eines solchen Vertragsverhältnisses möglich [ZüRö05, S.5].

4 Pricing-Modelle

Im Rahmen der nutzungsabhängigen Mietmodelle werden gegenwärtig zwei Konzepte in den Mittelpunkt vieler Betrachtungen gerückt, die für die Abrechnung von on Demand Services in Frage kommen. Software as a Service (SaaS) und Application Service Providing (ASP) stellen Modelle für die Abrechnung von Software auf Mietbasis über vertraglich vereinbarten Zeitraum dar.

4.1 Applikation Service Providing

Mit dem Begriff Application Service Providing wird die dauerhafte Bereitstellung des Zugriffs auf Anwendungsprogramme und Dienste über ein durch ein Unternehmen, den sogenannten Application Service Provider, auf Mietbasis bezeichnet [Mert01, S.48]. Das ASP ist eng verwandt mit dem Konzept des Outsourcing des Betriebs von Applikationen, unterscheidet sich aber im Wesentlichen durch das Angebot der Leistungen über das Internet sowie den Standardisierungsgrad der angebotenen Leistung. Das Leistungsspektrum des ASP erstreckt sich hierbei ausschließlich auf die Bereitstellung von Applikationen, nicht aber auf das Management von Geschäftsprozessen oder den ausschließlichen Betrieb einer IT Infrastruktur für den Kunden in Form eines Rechenzentrums, wie dies beim IT-Outsourcing der Fall ist. Eingriffe in die IT-Architektur des Kunden beschränken sich hierbei auf ein Minimum. Der Zugriff des Kunden auf die Anwendung erfolgt in der Regel über das Internet, wobei die Anwendung beim Anbieter läuft, der die Datenhaltung und Funktionalität übernimmt. Der Kunde kauft bei diesem

Modell keine eigenen Lizenzen, sondern erhält lediglich ein Nutzungsrecht an der Applikation. Der Provider hält die Software zentral zum Abruf durch den Kunden über das Internet bereit und stellt ein Produkt bzw. Produktportfolio zur Verfügung, welches auf die Bedürfnisse der Kunden abgestimmt ist. Er betreibt die Software in einem Rechenzentrum und übernimmt die Pflege und die Updates für eine Vielzahl von Nutzern [LeSc03, S.12 ff].

4.2 Software as a Service

Bei SaaS handelt es sich ebenfalls um ein Mietmodell, bei dem den Anwendern eine Standardsoftware als Dienstleistung über das Internet zur Verfügung gestellt wird. Die Anbieter sind für den Betrieb und die Wartung der Software verantwortlich, wie dies bei ASP der Fall ist. Grundsätzlich ist SaaS für eine Vielzahl von Anwendungsgebieten einsetzbar. Besonders geeignet ist dieses Geschäftsmodell für Funktionen und Prozesse, die sich zu einem hohen Grad standardisieren lassen. SaaS zeichnet sich gegenüber einer ASP Lösung durch maßgeschneiderte Angebote aus. Ein Unternehmen hat die Wahl zwischen vielfältigen Service Level Agreements (SLAs), die definierte Software Services umfassen. So bezieht und bezahlt ein Unternehmen nur die tatsächlich benötigten Leistungen. Oft wird auch die Preis-Berechnungsgrundlage an die individuellen Kundenbedürfnisse angepasst: Die Kosten für die Nutzung der Softwareanwendungen können sich an der Anzahl der Nutzer orientieren, oder sie werden auf Basis des Dokumentenvolumens, welches mit der Lösung verarbeitet wird, kalkuliert. SaaS-Lösungen werden individuell zugeschnitten und entsprechend über längere Laufzeiten kalkuliert, üblich sind drei bis fünf Jahre [ITSe08, S.4]. Aus der Anwenderperspektive ist zu beachten, dass SaaS-Lösungen im Vergleich zu klassischer Standardsoftware in der Regel weniger Anpassungsmöglichkeiten an unternehmensspezifische Anforderungen bieten. Diesem potenziellen Nachteil stehen tendenziell geringere Implementierungskosten gegenüber. Darüber hinaus kann die Anwendung von SaaS grundsätzlich zu einer geringeren Abhängigkeit vom Softwareanbieter führen [BuDi08, S.9].

5 Technologische Aspekte

Grundlage für die Nutzung von Software on Demand ist das Internet, welches sowohl quantitativ als auch qualitativ verbessert hat. Mit der Einführung der breitbandigen Zugangstechnologien (ADSL und SDSL) stehen Technologien zur Verfügung, die eine ausreichende Bandbreite für die Nutzung von Software on Demand gewährleisten und diese zu wirtschaftlich sinnvollen Kosten ermöglichen. Das lokale Netzwerk des Kunden erweitert sich damit zum Anbieter der

Software über das Internet. Die beschriebenen Modelle für die alternative Nutzung von Software lagern die Anwendungs- und Datenteile der Software zu dem Anbieter über die betrieblichen Unternehmensgrenzen hinweg aus.

5.1 Kommunikationsteil

Der Kommunikationsteil der Software verbleibt beim Kunden, welcher über Standardanwendungen (Terminalclient oder Webbrowser) bzw. Zusatzprogromme (z.b. Java-Client) betriebssystemunabhängig realisiert wird. Für den Kunden reduziert sich der interne Aufwand für den Betrieb der Software auf ein Minimum und ermöglicht Ihm zugleich globalen Zugriff auf seine Anwendung samt Daten. Aus der Verlagerung benötigter Systemressourcen ergeben sich geringere Anforderungen an den Client, welche bei ausschließlichem Betrieb von SoD nur ein Minimum an Clienthardware erfordern (Small Clients).

5.2 Anwendungs- und Datenhaltungsteil

5.2.1 Architektur einer on Demand Infrastruktur

Um kurzfristige Ressourcenanforderungen auf Basis eines Grid zu erfüllen sollte die Softwarearchitektur der SoD als Serviceorientierte Architektur (SOA) realisiert werden. SOA ist ein technologieunabhängiges Konzept und beschreibt die Kapselung von Geschäftslogik in Services und deren Verfügbarkeit über definierte Schnittstellen [KBKS05, S.8]. Software soll nach diesem Konzept in kleine konfigurierbare Funktions- bzw. Prozesseinheiten zerlegt werden. Diese Bausteine lassen sich dann flexibel ohne Programmierung zu neue Anwendungen lose gekoppelt zusammensetzen. Der Vorteil dieses Ansatzes besteht darin, dass Anwendungen auf gemeinsam genutzte Funktionen zurückgreifen können und rasch an geänderte Anforderungen der Geschäftsprozesse anpassbar sind. Die Bausteine können dabei auf verschiedene Rechner verteilt werden und tragen so zu einer Verteilung der Last bei. Als wesentliches Ziel einer SOA stehen das langfristige Senken von Softwareentwicklungskosten sowie das Erreichen einer höheren Flexibilität der Geschäftsprozesse durch Wiederverwendung bestehender Services im Vordergrund. Die Idee Last zu verteilen entstammt dem Konzept des Grid Computings und stellt ein verteiltes System physikalischer IT-Ressourcen, informationelle Ressourcen, Softwaredienste und menschliche Expertise dar, welche zu einer ganzheitlichen Ressource verknüpft und in vereinheitlichter Form nutzbar sind. Im engen Zusammenhang dazu steht das Konzept des Cloud Computings, welches als ein ähnliches Konzept auf höherer Ebene verstanden werden kann. Anwender von Cloud-Services betreiben Anwendungen, Plattformen und die dazu notwendige Hardware bzw. Infrastruktur nicht mehr selbst, sondern beziehen diese Leistungen über Cloud-Service-Provider [Weis07, S.16]. Anwendungen, Plattformen, Daten und Infrastrukturen befinden sich nicht mehr auf lokalen Systemen der Anwender, sondern der Cloud über eine Anzahl von entfernten Systemen verteilt. In Anlehnung an die Nutzung des elektrischen Stromnetzes des Kapitels 3.2 ist die Metapher der Computerleistung aus der Steckdose vergleichbar.

5.2.2 Entwicklung einer on Demand Applikation

Die wichtigsten Anforderungen an eine on Demand Lösung sind Anpassbarkeit an Kundenbedürfnisse, Skalierbarkeit sowie Performance. Bei Veränderungen der Kunden-Anforderungen muss die Anwendung schnell anpassbar sein, wobei diese unter anderem durch effizientes Caching und eine strenge Partitionierung der Applikation erreicht wird. Das Design der Anwendung hat einen maßgeblichen Einfluss auf deren Skalierbarkeit, wobei schon hier auf die spätere Nutzung eingegangen werden muss. So ist es ratsam sparsam mit grafischen Elementen umzugehen, um nicht unnötigen Datentransfer zu erzeugen. Ebenso sind die aus der Interaktion von und zu dem Kunden resultierenden Datenmengen auf ein Minimum zu beschränken. Bei on Demand Lösungen sollte die Möglichkeit bestehen, einige wichtige Bereiche individuell anzupassen. Zu diesem Zweck erhält der Kunde Zugriff auf eine Administrationsschnittstelle seiner Anwendung. Bei ASP Anwendungen ist zu beachten, dass diese auch Terminalserver basiert betrieben werden. Hier ist es beim Entwurf wichtig, dass die Anwendung möglichst wenig Ressourcen pro Session benötigt, welche bezogen auf die Anzahl der Nutzer eine kritische Größe darstellt. Im Gegensatz dazu erlaubt das SaaS Modell infolge seiner Mehrmandantenfähigkeit ein viel flexibleres Betriebsmodell. Auf einer Datenbank arbeiten bei diesem Modell viele Kunden, wodurch das Datenbank-Konzept bei SaaS eine kritische Größe darstellt. Es muss genau definiert werden, wie die Daten in der Datenbank abgelegt werden, um beispielsweise Erweiterungen durch eine steigende Anzahl von Benutzern bzw. Mandanten abdecken zu können.

5.2.3 Aufbau einer on Demand Infrastrukur

Das Rechenzentrum stellt sicher, dass die erforderliche Hardware und Software Infrastruktur in ausreichender Verfügbarkeit, Performance und Sicherheit bereitsteht. Wichtig ist dabei, dass die Verfügbarkeit durch ausreichende Infrastruktur-Redundanzen sowie durch elektrische und mechanische Sicherheitsvorkehrungen wie beispielsweise Notstromaggregaten, unterbrechungsfreie Stromversorgun-

gen, Klimaanlagen und Zugangssicherungen absichert ist. Der Betrieb von Infrastrukturen erfolgt im Normalfall auf Standard-Technologie, um Ausfallzeiten zu
reduzieren. Zudem erlauben Virtualisierungstechnologien eine Entkopplung von
Hardware und Betriebssystemen und lassen so den Betrieb von mehreren Servern auf einer Hardwareplattform zu, was zu Kostenvorteilen bei der Hardware-
Nutzung führt. Im Fall des Ausfalls, können diese schnell und problemlos ersetzt
werden. Erreicht werden kann dies unter Anderem durch eine möglichst weitge-
hende Automatisierung der Aufgaben. Das betrifft im Wesentlichen das Einrich-
ten beziehungsweise den Setup neuer Server, das Konfigurieren von Services,
die Implementierung neuer Mandanten sowie die Konfiguration von Benutzerkon-
ten mit Berechtigungen. Vorteil der Automatisierung bei der Abwicklung wieder-
kehrender Aufgaben ist die Vereinheitlichung der Vorgehensweise für alle Mandanten und Zeiteinsparungen. Beim Applikation Service Providing Modell ist zu
beachten, dass jeder Kunde seine eigene Anwendungsinstanz erhält, wobei diese
gesondert für jeden Kunden auf einer dedizierten Hardwareplattform betrieben
wird. Bei einem erhöhten Leistungsbedarf kann diese individuell erweitert bzw.
angepasst werden. Das SaaS-Modell hingegen ist eine mehrmandantenfähige
Lösung bei der eine Anwendungsinstanz allen Mandanten zu Verfügung gestellt
wird, welche die Hardwareplattform und der Service gemeinsam nutzen. Durch
Autorisierungsfunktionen sowie Sicherheitsrichtlinien sind alle Kundendaten dabei sicher voneinander getrennt. Die Hardwareplattform lässt sich effizienter nutzen und die Kosten sind geringer. Bei einem erhöhten Leistungsbedarf muss lediglich die Serverfarm erweitert werden.

5.2.4 Betrieb einer on Demand Infrastruktur

Beim Betrieb einer on Demand Lösung nehmen das Monitoring und Betriebsre-
porting zentrale Funktionen ein, welche bei einer gehosteten on Demand Plattform noch an Bedeutung gewinnen, da der Anbieter seinem Mandanten gegenüber konkrete Service Level Agreements einzuhalten hat. Zudem kann eine wei-
terreichende Leistungsüberwachung für eine möglicherweise notwendige Analyse
hilfreich sein. Neben den Standardparametern einer Überwachung, wie CPU Auslastung oder Anzahl von Webanfragen pro Sekunde, werden hierbei auch Infor-
mationen erfasst, welche die aktuelle Situation bzw. Auslastung der on Demand
Anwendung selbst betreffen. So werden beispielsweise die Anzahl der Mandanten, aktuelle User-Zahlen, Anzahl der Transaktionen oder Anzahl der Produkte
gesondert betrachtet. Diese Daten sind später nicht nur für die Rechnungsstel-
lung an den Mandanten wichtig, sondern können durchaus auch für den Mandan-

ten selbst von Interesse sein. Wie eben beschrieben wurde, birgt die Bereitstellung eines on Demand Angebotes technische Herausforderungen, die bereits in der Entwicklungsphase berücksichtigt werden müssen.

6 Integration

Vor dem Einsatz von Software on Demand ist abzuklären, wie diese in bestehende on premise Lösungen integriert werden kann und muss. On Demand Plattformen bieten für verschiedenen Integrationsszenarien entsprechende Optionen an. So sind Custom Coding, native Anbindungen an spezifische Software, Anbindungen an Middleware Layer für Mehrwegintegration, die Integration mit persönlichen Produktivitätsanwendungen abhängig vom verwendeten Betriebsmodell mehr oder weniger möglich. Allgemein betrachtet kann die Integration Daten, Funktionen oder Objekte umfassen. Datenintegration erlaubt den gemeinsamen Zugriff auf strukturierte Datenbanken oder auch die Konsolidierung unstrukturierter Daten, wobei der Datenabgleich dabei entweder periodisch oder über komplexe Echtzeitsynchronisierungen erfolgt. Die Integration von Business-Logik kann zu Einem durch Einbindung von gepackten Applikationen, die nicht konzipiert wurden internen Funktionen als Services bereitzustellen und zum Anderen durch die Verwendung herstellerunabhängiger APIs erfolgen. Die Objektintegration lässt sich über die Hub and Spoke Architektur zur Integration von Legacy Anwendungen bzw. den Common Information Bus umsetzen [EiSc08].

7 Fazit

Einhergehend mit der globalen Vernetzung und Akzeptanzsteigerung des Internet haben sich neue Modelle entwickelt in der Art und Weise wie Software betrieben wird. Software on Demand stellt einen übergeordneten Begriff dar, der bezeichnet, wie eine Software alternativ verteilt werden kann und zwar „auf Abruf" oder „bei Bedarf". ASP und SaaS sind konkrete Ausprägungen von Betriebskonzepten, Nutzungs- oder Verteilungsmodellen oder auch, je nach Sichtweise, von Geschäftsmodellen, die als Beschreibungsrahmen für die konkrete Umsetzung einer on Demand Lösung herangezogen werden können. Treibender Faktor dieser überbetrieblichen gemeinsamen Ressourcennutzung ist die Wirtschaftlichkeit. So prognostizieren Analysten für den Markt der on Demand Lösungen vor dem Hintergrund des steigenden Kostendrucks im IT-Bereich in den kommenden Jahren, mit zweistelligen Zuwachsraten, massive Steigerungen an Marktanteilen.

Literaturverzeichnis

[BuDi08]   Buxmann Peter, Diefenbach Heiner, Hess Thomas, *Die Software*
            Industrie – *Ökonomische Prinzipien, Strategien, Perspektiven*,
            Springer Verlag, Berlin 2008

[EiSc08]   Eicker, Schuler, Enterprise Application Integration, Skriptum zum
            Kurs, Wintersemester 2008/2009, Version 3.0

[CoDK08]   Coulouris, Dollimore, Kindberg, Verteilte Systeme, 3. Aufla-
            ge,Addison-Wesley 2002

[KBKS05]   Krafzig, Dirk.; Banke, Karl; Slama, Dirk: Enterprise SOA - Service-
            Oriented Architecture Best Practices, Prentice Hall, Upper Saddle
            River, 2005

[Krcm05]   Krcmar, H., Informationsmanagement 4. Auflage, Springer Verlag,
            Berlin Heidelberg 2005

[LeSc03]   Lehner, Franz in Schildhauer, Thomas (Hrsg.): *Lexikon Electronic*
            Business, Oldenbourg Verlag, München 2003

[Mert01]   Raimann, Jörg in Mertens, Peter et al (Hrsg.), *Lexikon der Wirt-*
            schaftsinformatik, 4. vollständig überarbeitete Auflage, Springer
            Verlag, Berlin 2001

[MuKi08]   Muir Nancy, Kimbell Ian, *Discover SAP*, Galileo Press, Bonn 2008

[Weis07]   Weiss, Aaron, Computing in the Clouds, netWorker 11 (2007), Nr.
            4, S.16-25

[Bitk08]   BITKOM, Bundesverband für Informationswirtschaft, Telekommuni-
            kation und neue Medien, Leitfaden zur Umsetzung von ASP Ge-
            schäftsmodellen, URL:www.bitkom.org/publikationen (Abgerufen:
            15. November 2008, 22.43 UTC)

[HeMe08]   Hessen Media, Ein Leitfaden für die Nutzung von Apllication Service
            Providern für kleinere und mittlere Unternehmen, URL:
            http://www.hessen-it.de/data/download/broschueren/asp-
            anbieter.pdf, (Abgerufen: 30. November 2008)

[HoEu08]   Host Europe, World Class Internet Services, Whitepaper: Eigenbe-
            trieb, Co-Location oder Managed Hosting von Internetanwendungen
            in Central IT, URL:http://www.central-it.de/downloads/335/2179/
            index.html, (Abgerufen: 23. November 2008)

[ITSe08]   Artikel Lizenzkauf vs Softwaremiete: ASP vs SaaS in Seite IT SecCi-
            ty, URL: http://www.itseccity.de/?url=/content/fachbeitraege/
            grundlagen/081111_fac_gru_scalaris. html (Abgerufen: 13. No-
            vember 2008)

[MSN08]   Artikel „Software als Service für kleinere Unternehmen" in MSN

Computer & Technik, Rubrik Ratgeber & Praxis, URL:http://tech.de.msn.com/ratgeber_praxis/windows_office_artik el.aspx?cp-ocumentid=10547571&imageindex=2#toolbar (Abgerufen: 26. November 2008, 12.32 UTC)

[Tsys08]   Whitepaper Dynamic Services – Lösungswege für flexibles Management einer modernen IT-Infrastruktur, Herausgeber: T-Systems Enterprise Service GmbH, Frankfurt, URL: http://www.central-it.de/index.cfm?pid=335&op=src&sterm=Dynamic+Services&scate gories=all&action=whitepaper, (Abgerufen: 29. November 2008)

[Wiki08a]   Artikel Software-on-Demand. In: Wikipedia, Die freie Enzyklopädie. Bearbeitungsstand: 3. September 2008, 22:05 UTC. URL:http://de.wikipedia.org/w/index.php?title=Softwareon-Demand&oldid=50331270 (Abgerufen: 20. November 2008, 16:27 UTC

[Wiki08b]   Artikel „Softwareverteilung". In: Wikipedia, Die freie Enzyklopädie. Bearbeitungsstand: 25. November 2008, URL:http://de.wikipedia.org/w/index.php?title=Softwareverteilung &oldid=53399525 (Abgerufen: 25. November 2008, 14:36 UTC)

[Wiki08c]   Artikel „Colocation". In: Wikipedia, Die freie Enzyklopädie. Bearbeitungsstand: 19. November 2008, URL:http://de.wikipedia.org/w/index.php?title=Colocation&oldid=5 3160027 (Abgerufen: 20. November 2008, 16:38 UTC)

[ZüRö05]   Zühlke Stefan, Rövekamp Christoph, Broschüre zum Thema: *IT Outsourcing mit ASP* im Forschungsprojekt EISOLIT (Entscheidungsinstrumente für strategische Outsourcing Lösungen im IT-Bereich) der Universität Trier 2005, URL:http://www.uni-trier.de/fileadmin/forschung/CEB/ceb_Start/projekte/eisolit/Downlo ad_Publikation.pdf, (Abgerufen: 08. November 2008)